Cómo escribir una novela con el Método Zettelkasten

Cómo escribir..., Volume 1

Ana Mafalda Damião

Published by Ana Mafalda Damião, 2024.

CÓMO ESCRIBIR UNA NOVELA CON EL MÉTODO ZETTELKASTEN

First edition. July 26, 2024.

ISBN: 979-8227205841

Written by Ana Mafalda Damião.

Also by Ana Mafalda Damião

Autoconocimiento y Desarrollo Espiritual
Ángeles en nuestra vida: cómo contactarlos y vivir en sintonía con el universo
El poder de Saint Germain
Símbolos e imágenes para predecir el futuro
Rituales para la conexión - Diosas Celtas

Aventuras para crianças
Paco: Uma Aventura de Coração

Como escrever...
Como Escrever um Romance com o Método Zettelkasten

Cómo escribir...
Cómo escribir una novela con el Método Zettelkasten

Desenvolvimento Pessoal e Espiritual

Meditação Kind/mindfulness: Programa de 84 dias para mudar a sua vida

Self-awareness
Therapeutic Writing - the Power of Writing in Personal Transformation

.

Self-Knowledge and Spiritual Development
Angels in Our Life - How to Contact Them and Live in Harmony with the Universe
Symbols and images to predict the future

Standalone
Escrita Terapêutica - o poder da escrita na transformação pessoal
Escrever...o quê? 20 + 8 ideias criativas
Escribir... 20 + 8 Ideas Creativas
Anjos na nossa vida - como contactá-los e viver em sintonia com o universo
Oráculo Das Bruxas
Símbolos E Imagens Para Prever O Futuro
Cristalomancia - A Arte Da Adivinhação Com Cristais
Dominomancia - A Arte Da Adivinhação Com O Dominó
Petit Lenormand - Como Interpretar
O Poder de Saint Germain
Rituais de conexão - Deusas celtas
Connection Rituals – Celtic Goddesses
The Power of Saint Germain
Ten Plagues of Egypt
Little Lenormand - How to interpret

Petit Lenormand - Cómo interpretar

Watch for more at https://www.instagram.com/therapeuticbooks/.

Cómo escribir una novela con el Método Zettelkasten

Ana Mafalda Damião

Índice

11. Apéndice

11.1 Glosario de Términos
11.2 Herramientas para escritores
11.3 Listas de Verificación
11.4 Plantillas de Notas

1. Introducción

1.1 Presentación de la obra

¡Bienvenido a la Guía sobre el Método Zettelkasten para Escritores de Novelas! Este libro fue creado para ayudar a los escritores de novelas a organizar sus ideas y crear historias más cohesivas y estructuradas utilizando el método Zettelkasten. El método Zettelkasten, que significa "caja de notas" en alemán, es una técnica de organización del conocimiento que permite crear y conectar notas de manera eficiente, facilitando la creación de una novela compleja y bien planificada. Aquí, encontrarás explicaciones detalladas, ejemplos prácticos y orientaciones paso a paso para aplicar esta metodología en tu escritura.

1.2 Qué es el método Zettelkasten

Origen y Definición El método Zettelkasten fue desarrollado por el sociólogo alemán Niklas Luhmann, quien utilizó esta técnica para escribir más de 70 libros y cientos de artículos científicos. Se trata de un sistema de notas interconectadas que permite almacenar, organizar y recuperar información de manera eficaz.

Componentes Principales Notas Atómicas: Cada nota debe contener una única idea o concepto. Enlaces y Conexiones: Las notas están conectadas entre sí a través de referencias cruzadas, creando una red de conocimiento. Índice: Un sistema de indexación para facilitar la navegación y localización de las notas.

1.3 Por qué usar el método Zettelkasten para

escribir una novela

Beneficios de la Organización

Facilita la organización de ideas complejas y detalles de la trama.

Permite el desarrollo de personajes y tramas de manera estructurada.

Ayuda a mantener la consistencia y cohesión a lo largo de la narrativa.

Estimulo a la Creatividad

Al conectar diferentes notas, surgen nuevas ideas y relaciones, enriqueciendo la trama de la novela.

El método incentiva la exploración de diferentes ángulos y perspectivas, aumentando la profundidad de la historia.

Eficiencia en el Proceso de Escritura

Reduce el tiempo dedicado a la búsqueda de información y referencias.

Mejora la eficiencia en la fase de revisión y edición, ya que toda la información está organizada y accesible.

1.4 Estructura del Libro

Capítulos y Secciones

Este libro está dividido en capítulos que abordan desde la preparación para la escritura hasta la conclusión de la novela.

Cada capítulo contiene secciones detalladas con orientaciones prácticas y ejemplos.

Uso Práctico del Zettelkasten

El enfoque es práctico, con ejemplos de notas, conexiones y cómo aplicar el método en diferentes etapas de la escritura de una novela.

Recursos Adicionales

Al final, encontrarás recursos adicionales, como ejemplos de herramientas recomendadas, lecturas complementarias y plantillas de notas para que comiences tu propio Zettelkasten.

1.5 Cómo Utilizar Este Libro

Lectura Secuencial o Puntual

Puedes leer el libro de forma secuencial, para entender todo el proceso, o saltar a secciones específicas según tu necesidad.

Implementación Gradual

No te preocupes por implementar todo de una vez. Comienza poco a poco, aplicando las técnicas conforme te sientas cómodo.

Interacción y Retroalimentación

Utiliza este libro como una guía interactiva. Toma notas, experimenta con las sugerencias y ajusta el método según tu preferencia.

Escribir una novela es una travesía desafiante, pero con las herramientas adecuadas, puede ser una experiencia gratificante y enriquecedora. Espero que este libro ayude a que tu travesía creativa sea más organizada y productiva. ¿Listo/a para Comenzar? Vamos a sumergirnos en el mundo del método Zettelkasten y descubrir cómo puede transformar la manera en que escribes tu novela!

2. Entendiendo el Método Zettelkasten

2.1 Origen e Historia del Método Zettelkasten

Niklas Luhmann y el Desarrollo del Método

Niklas Luhmann fue un sociólogo alemán que creó el método Zettelkasten durante los años 1960. Utilizó este sistema para gestionar sus ideas y referencias, resultando en una productividad extraordinaria: más de 70 libros y cientos de artículos académicos a lo largo de su carrera. El Zettelkasten de Luhmann consistía en miles de pequeñas fichas de papel (zettels) organizadas en cajas. Cada ficha contenía una única idea o concepto, con referencias cruzadas a otras fichas relacionadas.

Evolución del Método

Con el avance de la tecnología, el método Zettelkasten comenzó a incluir herramientas digitales, permitiendo una organización y recuperación de información aún más eficiente. Software como Roam Research, Obsidian y Zettlr son populares entre los adeptos modernos de este método.

2.2 Principios Básicos del Método Zettelkasten

Notas Atómicas

Las notas deben ser atómicas, es decir, cada nota debe contener solo una única idea o concepto. Esto facilita la combinación y la conexión de las ideas. Ejemplo: En lugar de escribir una nota larga sobre un personaje, crea notas separadas para cada aspecto del personaje, como apariencia, historia de vida, motivaciones, etc.

Enlaces y Conexiones

La fuerza del Zettelkasten reside en las conexiones entre las notas. Usa enlaces para conectar notas relacionadas, creando una red de conocimiento que facilita la navegación y el descubrimiento de nuevas ideas. Ejemplo: Una nota sobre el protagonista puede estar vinculada a notas sobre eventos clave de la trama, otros personajes, y temas explorados en la novela.

Índice y Organización

Un buen sistema de indexación es crucial. Esto puede ser un índice tradicional, un sistema de etiquetas o una combinación de ambos. El objetivo es facilitar la localización de notas específicas. Ejemplo: Usa etiquetas para categorizar notas por tipo (personaje, trama, escenario) o tema (amor, venganza, redención).

2.3 Herramientas Recomendadas para Zettelkasten

Cuadernos Físicos
Aunque menos comunes hoy en día, algunos escritores todavía prefieren cuadernos físicos. Usa fichas de papel o cuadernos con divisores para organizar tus notas. Mantén un índice al inicio del cuaderno y usa números o códigos para conectar notas relacionadas.

Software y Aplicaciones

- **Roam Research**: Excelente para crear una red de notas interconectadas. Permite enlaces automáticos y una fácil navegación entre las notas.

- **Obsidian**: Ofrece una interfaz intuitiva y la capacidad de visualizar la red de notas como un gráfico.

- **Zettlr**: Un editor markdown gratuito y de código abierto, diseñado específicamente para el método Zettelkasten.

Otras Herramientas Útiles

- **Notion**: Versátil y personalizable, puede ser adaptado para funcionar como un Zettelkasten digital.

- **Evernote**: Popular para tomar notas, aunque no está diseñado específicamente para Zettelkasten, puede ser usado con algunas adaptaciones.

Ejemplos Prácticos

Creación de Notas Atómicas Imaginando que estás desarrollando un personaje llamado "Alice". En lugar de crear una única nota larga, crea varias notas más pequeñas:

- Apariencia de Alice
- Historia de vida de Alice
- Motivaciones de Alice

Establecimiento de Enlaces y Conexiones

Conecta la nota sobre "Motivaciones de Alice" con eventos de la trama que influyen en esas motivaciones. Por ejemplo, si Alice perdió a un ser querido, crea una nota sobre ese evento y conéctala a sus motivaciones.

Consejos para la Implementación:

La Consistencia es la Clave

Mantén la práctica de crear notas atómicas y establecer enlaces regularmente. La consistencia facilitará la navegación y el uso de tu Zettelkasten.

Revisión Regular

Periódicamente, revisa tus notas y conexiones. Esto ayudará a reforzar las conexiones existentes y a descubrir nuevas relaciones entre las ideas.

Adaptabilidad

Adapta el método a tus necesidades. El Zettelkasten es flexible y puede ser modificado conforme evoluciona tu proceso de escritura.

3. Preparación para Escribir

Antes de comenzar a escribir tu novela utilizando el método Zettelkasten, es crucial realizar una preparación meticulosa. Esta sección del libro aborda los pasos esenciales para iniciar el proceso de creación, desde la definición del tema y género de la novela hasta la configuración inicial de tu sistema Zettelkasten.

3.1 Definiendo el tema y el género de la novela

Para empezar, es fundamental tener una clara comprensión del tema central y del género de tu novela. Esto servirá como la espina dorsal de tu narrativa y guiará todas las etapas subsecuentes del proceso.

Considera:

- **Identificación del tema**: Determina cuál es el mensaje o idea central que deseas explorar en tu novela. Puede ser amor, valentía, venganza, redención, entre otros temas.

- **Elección del género**: Decide en qué género encaja mejor tu novela. Novela histórica, ciencia ficción, fantasía, romance contemporáneo, por ejemplo.

Tener estos elementos claros desde el principio ayudará a dirigir tus investigaciones y a crear las notas de manera más eficaz.

3.2 Investigación inicial: recopilando información e inspiraciones

Después de definir el tema y el género, el siguiente paso es realizar una investigación inicial, es decir, recopilar información relevante que alimentará el desarrollo de tu historia.

Algunas actividades incluyen:

- **Lectura y estudio**: Investiga libros, artículos y otras fuentes que puedan proporcionar ideas sobre el tema y género elegidos.

- **Inspiración visual**: Explora imágenes, videos y obras de arte relacionadas con tu tema para inspiración visual y ambientación.

- **Entrevistas o experiencias personales**: Si es necesario, entrevista a expertos o explora tus experiencias relacionadas con el tema de la novela.

La fase de investigación es crucial para garantizar que las notas y las ideas estén fundamentadas en una base sólida de conocimiento e inspiración.

3.3 Creando tu Zettelkasten: configurando el sistema

Con el tema definido y la investigación inicial concluida, es hora de configurar tu sistema Zettelkasten.

Pasos esenciales:

- **Elección de la herramienta**: Decide si prefieres un Zettelkasten físico (con fichas o cuadernos) o digital (utilizando software como Roam Research, Obsidian, Zettlr, Notion, entre otros).

- **Estructuración inicial**: Establece categorías básicas para tus notas, como personajes, tramas, temas, escenarios, etc. Esto ayudará en la organización y recuperación de la información durante el proceso de escritura.

- **Indexación y etiquetas**: Implementa un sistema de indexación eficiente. Usa etiquetas para categorizar las notas según temas, personajes o cualquier otra categoría relevante para tu historia.

- **Primeras notas**: Comienza a crear las primeras notas. Recuerda mantener las notas atómicas, es decir, cada nota debe contener una única idea o concepto. Esto facilitará la conexión entre las notas en el futuro.

4. Colectando y Organizando Notas

Colectar y organizar notas de manera eficaz es fundamental para el éxito del método Zettelkasten en la escritura de una novela. Una estructura bien definida y la utilización de principios como notas atómicas y referencias cruzadas garantizan que tengas una base sólida de información para desarrollar personajes, tramas y escenas de forma cohesionada y consistente.

4.1 Tipos de notas: ideas, personajes, tramas, escenas, investigación

Antes de comenzar a escribir, es importante identificar los diferentes tipos de información que necesitarás organizar.

Aquí tienes algunos ejemplos de tipos de notas que puedes crear:

- **Ideas centrales**: Notas que capturan conceptos clave, temas principales o mensajes que deseas explorar en tu novela.

- **Personajes**: Crea notas individuales para cada personaje principal y secundario, detallando su historia, características físicas, personalidad, motivaciones, etc.

- **Tramas y subtramas**: Desarrolla notas que describan la trama principal, subtramas, eventos clave y puntos de giro de la historia.

- **Escenas**: Anota ideas para escenas específicas que piensas incluir en la novela, como diálogos importantes, descripciones de ambientes y emociones evocadas.

- **Investigación**: Mantén notas con información detallada sobre elementos históricos, científicos, culturales o geográficos relevantes para tu narrativa.

4.2 Cómo escribir notas eficaces

Para garantizar que tus notas sean útiles y eficaces, aquí tienes algunas directrices que puedes seguir:

- **Claridad y concisión**: Mantén tus notas directas y concisas. Cada nota debe contener solo una idea o concepto específico.

- **Detalle relevante**: Incluye detalles que sean relevantes para el desarrollo de la historia o para la comprensión de los personajes y tramas.

- **Utilización de ejemplos**: Cuando sea apropiado, usa ejemplos concretos para ilustrar tus puntos. Esto ayuda a hacer tus notas más vívidas y fáciles de entender.

- **Referencias cruzadas**: Establece enlaces y referencias cruzadas entre notas relacionadas. Esto ayuda a construir una red de conexiones que enriquece el entendimiento de tu universo narrativo.

4.3 Estructura de una nota Zettelkasten

Aunque la estructura de cada nota puede variar dependiendo del contenido, es útil seguir una estructura básica que facilite la organización y recuperación de la información:

- **Título claro**: Elige un título descriptivo que resuma el contenido de la nota de manera sucinta.

- **Cuerpo de la nota**: Describe el contenido principal de la nota de manera clara y organizada. Utiliza párrafos o viñetas para dividir información relacionada.

- **Etiquetas y categorías**: Utiliza etiquetas o categorías para clasificar la nota en términos de tema, personaje, trama, etc. Esto facilita la búsqueda y organización dentro de tu sistema Zettelkasten.

- **Enlaces y referencias**: Incluye enlaces a otras notas relacionadas o referencias externas que puedan enriquecer el contenido de la nota.

17

5. Conectando las Notas

En esta sección del libro, exploramos la importancia de establecer conexiones significativas entre las notas dentro de tu sistema Zettelkasten. Esto no solo ayuda a organizar información, sino que también promueve el descubrimiento de nuevas ideas e insights a lo largo del proceso de escritura de tu novela.

5.1 Importancia de las conexiones entre notas

El método Zettelkasten se basa en la idea de que el conocimiento es más poderoso cuando está interconectado.

Algunos puntos clave sobre la importancia de las conexiones entre notas:

- **Creación de una red de conocimiento**: Al conectar notas relacionadas, creas una red de conocimiento que permite explorar temas, personajes y tramas de manera más profunda e interconectada.

- **Facilita la navegación**: Las conexiones hacen más fácil encontrar información relevante cuando sea necesario. Puedes seguir enlaces entre notas para explorar diferentes aspectos de un tema o personaje.

- **Estimulo a la creatividad**: Nuevas ideas surgen naturalmente cuando encuentras conexiones inesperadas entre conceptos aparentemente distintos. Esto enriquece la complejidad y la originalidad de tu narrativa.

5.2 Creando enlaces y referencias cruzadas

Para maximizar el potencial del Zettelkasten, es importante establecer enlaces eficaces entre las notas.

Algunas prácticas recomendadas:

- Enlaces bidireccionales: Cuando sea posible, crea enlaces que funcionen en ambos sentidos (backlinks). Esto significa que cada nota no solo apunta a otras notas, sino que también es referenciada por ellas. Herramientas como Roam Research facilitan la creación automática de backlinks.

- Referencias cruzadas: Además de enlaces directos, utiliza referencias cruzadas dentro del texto de tus notas. Por ejemplo, al discutir un evento importante en la historia, haz referencia a las notas de los personajes involucrados o a las subtramas afectadas por ese evento.

- Etiquetas y categorías: Utiliza etiquetas o categorías consistentes para agrupar notas relacionadas por temas, personajes o cualquier otra categorización relevante. Esto ayuda a encontrar información correlacionada rápidamente durante la escritura y revisión.

5.3 Usando etiquetas y categorías

La categorización mediante tags o etiquetas es una técnica poderosa para organizar y conectar notas.

Consejos útiles:

- Definiendo las etiquetas: Elige etiquetas que sean descriptivas y relevantes para el contenido de tus notas. Por ejemplo, puedes tener etiquetas para diferentes personajes, temas principales, lugares importantes, etc.

- Jerarquía de etiquetas: Considera una jerarquía de etiquetas si estás manejando un gran volumen de notas. Esto puede ayudar a estructurar tu Zettelkasten de manera más organizada e intuitiva.

- Búsqueda por etiquetas: Utiliza la funcionalidad de búsqueda por etiquetas en tu herramienta Zettelkasten para encontrar todas las notas relacionadas con una etiqueta específica. Esto es útil para revisiones temáticas o para revisitar ideas específicas durante la escritura.

Conectar efectivamente las notas dentro de tu Zettelkasten no solo mejora la organización de la información, sino que también estimula la creatividad y facilita la exploración de ideas complejas. Al establecer una red robusta de conexiones entre temas, personajes, tramas y escenas, creas un entorno propicio para el desarrollo de una novela coherente y envolvente.

6. Desarrollando la Trama

Desarrollar la trama usando el método Zettelkasten no se limita solo a trazar una línea desde el inicio hasta el final de la historia. Permite una exploración profunda de los eventos, personajes y temas que componen la narrativa. Al crear y conectar notas que representan diferentes partes de la trama, los escritores pueden construir una historia rica en detalles y complejidad, manteniendo al mismo tiempo la flexibilidad necesaria para adaptaciones y refinamientos a medida que avanza el proceso de escritura.

6.1 Construyendo la narrativa a través de las notas

Para desarrollar la trama usando el método Zettelkasten, es esencial seguir algunos pasos fundamentales:

- **Identificación de los principales elementos de la trama**: Comienza por identificar los principales eventos y puntos de giro que formarán la estructura de tu trama. Cada uno de estos eventos puede ser representado por notas individuales que detallen lo que ocurre, quién está involucrado y cuáles son las consecuencias.

- **Organización cronológica o estructural**: Dependiendo de la naturaleza de tu historia, puedes optar por organizar las notas cronológicamente (si la historia sigue una línea temporal lineal) o estructuralmente (si hay varias líneas argumentales que se entrelazan o se desarrollan en paralelo).

- **Uso de mapas mentales o diagramas de flujo**: Herramientas visuales como mapas mentales o diagramas de flujo pueden ser útiles para visualizar la estructura de la trama de manera gráfica. Estos diagramas ayudan a entender cómo se conectan diferentes eventos y contribuyen al desarrollo de la narrativa.

6.2 Utilizando el Zettelkasten para estructurar la trama

El método Zettelkasten ofrece algunas ventajas específicas para estructurar la trama de tu novela:

- **Flexibilidad y adaptabilidad**: Como las notas son independientes e interconectadas, puedes ajustar la trama a medida que surgen nuevas ideas o conforme la historia se desarrolla de manera inesperada.

- **Detalle de subtramas**: Además de la trama principal, puedes usar notas para desarrollar subtramas e historias secundarias. Estas notas pueden estar interconectadas con la trama principal o entre sí, creando una red compleja de relaciones dentro de tu Zettelkasten.

- **Revisión y refinamiento continuo**: A medida que la trama evoluciona, puedes revisar y refinar las conexiones entre las notas. Esto ayuda a garantizar que todas las partes de la historia estén integradas de manera coherente y que no haya contradicciones o lagunas en la narrativa.

6.3 Herramientas visuales: mapas mentales, diagramas de flujo

Además de las notas textuales, considera el uso de herramientas visuales para ayudar en el desarrollo de la trama:

- **Mapas mentales**: Ideales para lluvia de ideas y para visualizar conexiones no lineales entre ideas. Cada nodo puede representar un evento importante de la trama, personaje o tema, y los enlaces entre los nodos muestran las relaciones entre ellos.

- **Diagramas de flujo**: Útiles para representar la secuencia de eventos cronológicos o estructurales de la historia. Permiten una visión clara de la progresión de la narrativa y de las interacciones entre los elementos de la trama.

7. Desarrollo de Personajes

Desarrollar personajes usando el método Zettelkasten no se resume solo a crear biografías detalladas, sino a entender profundamente quiénes son estos personajes, qué los motiva y cómo se relacionan con el mundo que los rodea. Al conectar las notas que representan diferentes aspectos de los personajes, puedes construir retratos psicológicos complejos que impulsan la narrativa y proporcionan una experiencia rica para los lectores.

7.1 Creando perfiles detallados de personajes

Para desarrollar personajes usando el método Zettelkasten, considera los siguientes pasos:

- **Identificación de características esenciales**: Crea notas individuales para cada personaje principal, detallando su apariencia física, personalidad, historia de vida, rasgos distintivos y cualquier otra característica relevante.

- **Motivaciones y conflictos**: Explora las motivaciones internas de los personajes, sus objetivos, deseos y conflictos emocionales. Crea notas específicas para cada uno de estos aspectos, conectándolas a las notas principales del personaje para entender cómo estos elementos influyen en sus decisiones y acciones a lo largo de la historia.

- **Relaciones interpersonales**: Desarrolla notas que detallen las relaciones de los personajes entre sí. ¿Cuáles son las dinámicas emocionales, conflictos o alianzas que existen entre ellos? Usa enlaces y referencias cruzadas para conectar las notas de diferentes personajes cuando sus historias se entrelazan.

7.2 Conectando personajes con la trama y los temas

Utiliza el Zettelkasten para explorar cómo los personajes se relacionan con la trama principal y los temas de la novela:

- **Conexiones temáticas**: Crea notas que discutan cómo los rasgos de personalidad de un personaje están alineados con los temas centrales de la historia. Por ejemplo, cómo el pasado de un personaje influye en sus elecciones actuales y cómo eso contribuye al desarrollo de la trama.

- **Arco del personaje**: Desarrolla notas que delineen el arco de desarrollo de cada personaje a lo largo de la historia. ¿Cómo cambian o evolucionan basándose en las experiencias que viven? Conecta estas notas con eventos específicos de la trama para mostrar las causas y efectos de las transformaciones emocionales o psicológicas de los personajes.

- **Exploración de motivaciones**: Usa el Zettelkasten para investigar profundamente las motivaciones detrás de las acciones de los personajes. Conecta notas que detallen eventos cruciales en la vida de un personaje con sus decisiones actuales, ayudando a construir una narrativa rica en subtexto y significado.

7.3 Explorando motivaciones y arcos de personajes

Esta es una etapa crucial para crear personajes tridimensionales y cautivadores:

- **Motivaciones profundas**: Además de las motivaciones superficiales, explora las motivaciones más profundas e inconscientes de los personajes. Esto puede hacerse creando notas que investiguen el historial familiar, traumas pasados, sueños no realizados o creencias arraigadas que moldean sus elecciones.

- Evolución a lo largo del tiempo: Usa el Zettelkasten para rastrear la evolución de los personajes a lo largo del tiempo dentro de la historia. Crea notas que representen momentos clave de transformación o autodescubrimiento, conectándolas con otras notas para mostrar el progreso continuo de los personajes.

8. Escribiendo la Novela

Escribir una novela es un proceso complejo que requiere planificación, creatividad y disciplina. El método Zettelkasten ofrece un enfoque estructurado que no solo facilita la organización de las ideas, sino que también promueve la cohesión y la consistencia de la narrativa. Al aplicar este método durante la escritura, puedes no solo mejorar la eficiencia de tu proceso de creación, sino también asegurar que el producto final sea una obra bien estructurada y cautivadora.

8.1 Planificación de capítulos y escenas

Antes de comenzar a escribir, es importante planificar la estructura de la novela:

- **Organización por capítulos**: Crea notas que representen cada capítulo de tu novela. Describe lo que ocurre en cada capítulo, qué personajes están involucrados y cómo contribuye al desarrollo de la trama.

- **Secuenciación de escenas**: Planifica la secuencia de escenas dentro de cada capítulo. Conecta notas que representen cada escena, incluyendo información sobre el lugar, personajes presentes, diálogos principales y eventos importantes.

- **Consistencia narrativa**: Mantén la cohesión a lo largo de la novela conectando las notas de cada capítulo y escena. Esto ayuda a asegurar que todos los eventos estén lógicamente encadenados y que no haya contradicciones en la línea temporal o en la caracterización de los personajes.

8.2 Usando el Zettelkasten para mantener la cohesión y la consistência

Durante el proceso de escritura, el método Zettelkasten puede ser una herramienta poderosa para mantener la consistencia y la integridad de la narrativa:

- **Referencia rápida**: Usa enlaces y referencias cruzadas entre las notas para revisar información importante mientras escribes. Esto es útil para recordar detalles de personajes, eventos pasados y temas principales que deben mantenerse a lo largo de la historia.

- **Seguimiento de subtramas**: Utiliza las notas de subtramas y eventos secundarios para asegurar que todas las historias dentro de la novela se desarrollen de manera satisfactoria y tengan una resolución adecuada.

- **Adaptación a los cambios**: El Zettelkasten es lo suficientemente flexible como para permitir ajustes durante el proceso de escritura. Si surgen nuevas ideas o si la dirección de la historia cambia, puedes fácilmente agregar nuevas notas y ajustar las conexiones existentes.

8.3 Revisión y edición: refinando el texto con la ayuda del Zettelkasten

Después de concluir el primer borrador, el método Zettelkasten sigue siendo útil durante las etapas de revisión y edición:

- **Análisis estructural**: Utiliza el Zettelkasten para revisar la estructura global de la novela. Verifica si todos los elementos de la trama están conectados de manera lógica y si la narrativa fluye de forma coherente.

- **Mejora de los personajes**: Revisa las notas de personajes para asegurar que su evolución a lo largo de la novela sea consistente y convincente. Ajusta las motivaciones y acciones de los personajes basándote en las notas que detallan sus arcos de desarrollo.

- **Identificación de inconsistencias**: Identifica cualquier laguna en la historia, inconsistencias en la caracterización de los personajes o áreas que necesiten más desarrollo. Crea nuevas notas o ajusta las conexiones existentes para resolver estos problemas.

9. Ejemplos Prácticos

9.1 Autores que usaron el método Zettelkasten

Umberto Eco

Umberto Eco, el famoso autor de "El nombre de la rosa", es conocido por su enfoque meticuloso y estructurado en la escritura. Eco utilizaba un método similar al Zettelkasten, donde mantenía notas detalladas de sus investigaciones, reflexiones e ideas. Organizó sus notas en un sistema de tarjetas, categorizadas por temas, lo que le permitía acceder rápidamente a información relevante durante el proceso de escritura. Al adaptar el método a sus necesidades, Eco fue capaz de crear obras complejas y bien estructuradas, con una profundidad narrativa notable.

Roland Barthes

Roland Barthes, famoso crítico literario y teórico, también empleaba un sistema similar al Zettelkasten. Mantenía un archivo detallado de sus observaciones e ideas sobre diversos textos y conceptos teóricos. Este método de organización permitió a Barthes desarrollar sus ideas de forma coherente y articulada, resultando en obras influyentes como "La cámara lúcida" y "Mitologías". El Zettelkasten ayudó a Barthes a establecer conexiones entre diferentes temas y a construir una argumentación sólida en sus escritos.

Luhmann

Niklas Luhmann, sociólogo alemán y creador del método Zettelkasten, también escribió ficción. Utilizaba su extenso archivo de notas para desarrollar personajes y tramas complejas en sus novelas. Luhmann adaptó el Zettelkasten para la escritura literaria, donde cada nota o idea estaba interconectada, permitiéndole explorar diferentes perspectivas y profundizar en la psicología de los personajes. Su método innovador resultó en obras ricas en detalles y con una estructura narrativa intrincada.

9.2 Resultados conseguidos

Claridad en la estructura narrativa

Autores como Umberto Eco y Roland Barthes encontraron mayor claridad en la estructura narrativa al usar el método Zettelkasten. La capacidad de organizar ideas e información de manera eficiente les permitió construir narrativas coherentes y bien estructuradas. El acceso fácil y rápido a notas específicas ayudó en la elaboración de tramas complejas sin perder la coherencia.

Desarrollo profundo de personajes

Niklas Luhmann, al aplicar el Zettelkasten en la creación de personajes, fue capaz de desarrollar perfiles psicológicos profundos y multifacéticos. La interconexión de notas relacionadas con diferentes aspectos de los personajes le permitió explorar sus psicologías en profundidad y construir tramas ricas en detalles y matices. personajes le permitió explorar sus motivaciones, conflictos internos y evoluciones a lo largo de la trama. Este método resultó en personajes más realistas y envolventes.

Eficiencia en el proceso de escritura y revisión

Todos los autores mencionados se beneficiaron de la mayor eficiencia proporcionada por el Zettelkasten. La organización sistemática de las notas redujo el tiempo dedicado a la búsqueda de información y permitió un flujo de escritura más continuo. Además, durante la revisión, el fácil acceso a las notas ayudó a identificar inconsistencias y a refinar la narrativa con mayor precisión. Estos ejemplos demuestran cómo el método Zettelkasten puede ser adaptado para satisfacer las necesidades específicas de los escritores, contribuyendo a la creación de obras literarias de alta calidad.

———◦———

9.3 Ejemplos de notas y cómo se conectan

Para ilustrar cómo se pueden crear y organizar las notas utilizando el método Zettelkasten, vamos a usar un ejemplo ficticio de una novela en desarrollo. Imagina que estamos escribiendo una novela de misterio.

Ejemplo 1:

Nota: Personaje Principal

Título de la Nota: Detective John Smith

Contenido:

Nombre completo: Johnathan Edward Smith

Edad: 45

Ocupación: Detective privado

Personalidad: Meticuloso, observador, cínico

Pasado: Ex-policía, dejó la fuerza después de un incidente traumático

Motivación: Resolver casos para encontrar redención personal

Nota: Incidente Traumático

Título de la Nota: Incidente Traumático de John

Contenido:

Descripción del incidente: Durante una operación policial, John disparó accidentalmente a un colega. Consecuencias: John dejó la fuerza policial, empezó a beber y eventualmente se convirtió en detective privado. Enlace: [[Detective John Smith]], [[Caso del Robo al Banco]]

Ejemplo 2:

Nota: Ubicación Principal

Título de la Nota: Bar "El Refugio"

Contenido:

Ubicación: Centro de la ciudad

Descripción: Un bar decadente donde John pasa gran parte de su tiempo.

Propietario: Sam, amigo de toda la vida de John.

Eventos importantes: Encuentro con la informante Clara sobre el caso del robo.

Etiquetas: #ubicación #recurrente

Nota: Caso del Robo al Banco

Título de la Nota: Caso del Robo al Banco

Contenido: Fecha del robo: 12 de marzo de 2022

Detalles del crimen: Robo a un banco con rehenes, 2 millones robados

Sospechosos: Grupo de exmilitares

Informantes: Clara, proporcionó pistas cruciales

Enlace: [[Bar "El Refugio"]], [[Detective John Smith]]

Explicación de las conexiones

Cada una de estas notas está interconectada de manera que crea una red de información que facilita el desarrollo de la novela.

- El Detective John Smith está directamente conectado a la nota sobre el Incidente Traumático, que detalla el evento que cambió la vida del personaje principal. Esta conexión ayuda a profundizar la comprensión del lector sobre la motivación y el comportamiento de John.

- La nota sobre el Bar "El Refugio" está conectada al Caso del Robo al Banco y al Detective John Smith. Esto muestra que el bar es un lugar recurrente e importante en la trama, sirviendo como punto de encuentro y desarrollo de varias subtramas.

- El Caso del Robo al Banco está conectado a varias otras notas, incluyendo informantes y ubicaciones, lo que ayuda a construir un escenario rico e interconectado donde los eventos de la historia se desarrollan. Estas conexiones no solo facilitan la organización de las ideas, sino que también promueven una mayor cohesión en la narrativa, permitiendo que el autor mantenga la continuidad y el desarrollo de personajes, tramas y temas a lo largo de la obra.

9.4 Simulaciones prácticas de uso del método

Ejercicios prácticos

Para ayudarte a practicar la creación de notas utilizando el método Zettelkasten, ofrecemos algunas simulaciones y ejercicios basados en situaciones comunes en la escritura de novelas. Estos ejercicios te permitirán experimentar y familiarizarte con el proceso de creación e interconexión de notas.

Ejercicio 1: Desarrollar un Nuevo Personaje

Escenario Hipotético: Estás creando un nuevo personaje para tu novela. Este personaje será el antagonista principal.

1 - Creación de la Nota del Personaje

Título de la Nota: Antagonista - Dr. Marcus Raven

Contenido:

Nombre completo: Marcus Alistair Raven

Edad: 52 Ocupación: Científico famoso, especializado en biotecnología

Personalidad: Frío, calculador, ambicioso

Pasado: Creció en un orfanato, siempre estuvo obsesionado con superar sus limitaciones y demostrar su valía

Motivación: Deseo de poder y control, cree que puede "mejorar" a la humanidad a través de sus investigaciones

2 - Creación de Notas Relacionadas

Nota: Proyecto Secreto

Contenido:

Nombre del proyecto: Proyecto Nexus

Objetivo: Desarrollar un virus que puede controlar mentes humanas

Enlace: [[Antagonista - Dr. Marcus Raven]]

Nota: Conflicto con el Protagonista

Contenido:

Protagonista: Detective John Smith

Naturaleza del Conflicto: John intenta impedir a Marcus de liberar el virus

Enlace: [[Antagonista - Dr. Marcus Raven]], [[Detective John Smith]]

Ejercicio 2: Planear un Giro en la Trama

Escenario Hipotético: Estás planeando un giro en la trama donde el aliado de confianza del protagonista se revela como un traidor.

1 - Creación de la Nota del Giro

Título de la Nota: Giro - Traición de Sam

Contenido:

Personaje: Sam, propietario del bar "El Refugio"

Giro: Sam es secretamente aliado del Dr. Marcus Raven

Motivación: Sam fue chantajeado por Marcus para ayudarlo en su plan

Impacto: John se siente traicionado y pierde la confianza en sus aliados

2 - Creación de Notas Relacionadas

Nota: Escena de la Revelación

Contenido:

Lugar: Bar "El Refugio"

Descripción: John descubre la traición al encontrar pruebas en la oficina de Sam

Enlace: [[Giro - Traición de Sam]], [[Bar "El Refugio"]]

Nota: Consecuencias de la Traición

Contenido:

John debe ahora trabajar solo

Desconfianza en otros aliados

Enlace: [[Giro - Traición de Sam]], [[Detective John Smith]]

Ejercicio 3: Explorar un Tema Específico

Escenario Hipotético: Deseas explorar el tema de la redención en tu novela.

1 - Creación de la Nota del Tema

Título de la Nota: Tema – Redención

Contenido:

Descripción: El camino del protagonista en busca de redención por los errores del pasado

Personajes Relacionados: Detective John Smith, Dr. Marcus Raven

Escenas Clave: Confronto final donde John salva a inocentes y enfrenta a Marcus

2 - Creación de Notas Relacionadas

Nota: Escena de Redención

Contenido:

Lugar: Laboratorio de Marcus

Descripción: John desactiva el virus y rescata a los rehenes, encontrando su redención

Enlace: [[Tema - Redención]], [[Confronto Final]]

Nota: Arco del Personaje - John

Contenido:

Evolución: De ex-policía atormentado a héroe redimido

Eventos Cruciales: Incidente traumático, conflicto con Marcus, acto final de heroísmo

Enlace: [[Tema - Redención]], [[Detective John Smith]]

Ejercicio 4: Creación de Notas Atómicas

Ejemplo: María, una autora de novela histórica, comienza su Zettelkasten creando notas atómicas para cada hecho histórico que desea incluir en su libro. Cada nota contiene una única información, como "La Batalla de Hastings ocurrió en 1066" o "La Reina Victoria fue coronada en 1837".

Aplicación:

- Nota Atómica: "La Batalla de Hastings ocurrió en 1066"

- Conexión: Esta nota puede estar conectada a otras notas sobre personajes involucrados en la batalla, armas usadas y el impacto de la batalla en la historia de Inglaterra.

Desarrollo de Personajes

Ejemplo: Juan, un autor de ciencia ficción, utiliza el método Zettelkasten para desarrollar sus personajes. Él crea una nota para cada personaje con detalles básicos y, luego, notas adicionales para características específicas, como rasgos de personalidad, habilidades y antecedentes.

Aplicación:

- Nota Atómica: "Personaje: Capitán Zork"

- Nota Detallada: "Rasgos de Personalidad: Valiente, impulsivo"

- Nota Detallada: "Habilidades: Piloto experimentado, estratega" Conexión: Las notas sobre el Capitán Zork pueden estar conectadas a eventos de la historia donde demuestra estas características y habilidades, creando una rica red de información.

Planificación de la Trama

Ejemplo: Sofía está escribiendo una novela policial y utiliza el método Zettelkasten para planificar su trama. Ella crea notas para cada escena, describiendo el escenario, los personajes presentes y lo que sucede. Cada escena se vincula a otras escenas para mantener la continuidad de la historia.

Aplicación:

- Nota Atómica: "Escena 1: El Crimen"

- Detalles: "Lugar: Mansión abandonada,

- Personajes: Detective Silva, Víctima: Sr. Thompson,

- Evento: El Detective Silva encuentra el cuerpo del Sr. Thompson

Conexión:

La nota "Escena 1: El Crimen" se conecta con la nota "Escena 2: Investigación Inicial", donde el Detective Silva comienza a reunir pistas.

Revisión y Edición

Ejemplo: Carlos usa el Zettelkasten para revisar y editar su manuscrito. Él crea notas con comentarios de sus lectores beta y editores, cada una con una sugerencia específica de mejora.

Aplicación:

- Nota Atómica: "Comentario: Capítulo 3 - Desarrollar mejor la motivación del villano"

- Detalle: "Sugerencia: Agregar una escena donde el villano explique sus motivos en un monólogo"

Conexión:

Esta nota puede estar conectada directamente al Capítulo 3, facilitando el acceso y la implementación del comentario.

Estudios de Caso Ficticios

Estudio de Caso 1: Novela Histórica

Autora: Isabel

Proyecto: Novela sobre la Revolución Francesa

Notas Atómicas:

- "La Revolución Francesa comenzó en 1789"

- "Personaje: Marie, una campesina"

- "Evento: La Toma de la Bastilla"

Conexiones:

La nota "La Revolución Francesa comenzó en 1789" se conecta con el "Evento: La Toma de la Bastilla".

La nota "Personaje: Marie, una campesina" se conecta con el "Evento: La Toma de la Bastilla" donde Marie participa en la revuelta.

Estudio de Caso 2: Ciencia Ficción

Autor: Pedro

Proyecto: Novela sobre una misión espacial

Notas Atómicas:

- "Tecnología: Motores de Curvatura Espacial"

- "Personaje: Dr. Alex, científico jefe"

- "Evento: Primer Viaje Interestelar"

Conexiones:

La nota "Tecnología: Motores de Curvatura Espacial" se conecta con el "Evento: Primer Viaje Interestelar".

La nota "Personaje: Dr. Alex, científico jefe" se conecta con "Tecnología: Motores de Curvatura Espacial" donde el Dr. Alex es el creador de la tecnología.

Diagrama e Imágenes

Ejemplo: Marta, una autora de fantasía, utiliza diagramas e imágenes para visualizar la red de sus notas. Ella crea un mapa mental que conecta personajes, lugares y eventos importantes.

Aplicación:

- Diagrama: Un mapa mental con el centro siendo "Trama Principal", ramificándose en "Personajes", "Lugares", y "Eventos".

- Imagen: Ilustraciones de los personajes principales y de los lugares descritos en el libro.

Conexión:

El diagrama ayuda a Marta a mantener la cohesión de la trama y a recordar las conexiones entre diferentes elementos de su historia.

9.5 Desafíos de escritura

Ejercicio 1:
Describiendo Escenarios

Objetivo: Practicar la creación de notas atómicas detallando escenarios específicos de tu novela.

Instrucciones:

- Elige un escenario importante de tu novela.

- Crea una nota atómica describiendo el escenario en una o dos frases. Por ejemplo, "El castillo medieval de piedra con altas torres y un puente levadizo."

- Crea notas adicionales para detalles específicos de ese escenario, como por ejemplo: "La sala del trono está decorada con tapices y candelabros." Actividad:

- Completa un conjunto de 10 notas atómicas para diferentes escenarios de tu novela.

Ejemplo de Notas:

Nota 1: "El castillo medieval de piedra con altas torres y un puente levadizo."

Nota 2: "La sala del trono está decorada con tapices y candelabros."

Desarrollando Personajes

Ejercicio 2:

Características de los Personajes

Objetivo: Detallar características específicas de los personajes utilizando notas atómicas.

Instrucciones:

- Elige el personaje principal de tu novela.

- Crea una nota atómica con una característica general del personaje. Por ejemplo, "María es una joven valiente y curiosa."

- Crea notas adicionales para características específicas, como "María tiene cabello castaño y ojos verdes" y "María es arqueóloga y habla cinco idiomas." Actividad:

- Completa un conjunto de 10 notas atómicas para un personaje principal.

Ejemplo de Notas:

Nota 1: "María es una joven valiente y curiosa."

Nota 2: "María tiene cabello castaño y ojos verdes."

Nota 3: "María es arqueóloga y habla cinco idiomas."

Conectando Notas

Ejercicio 3: Construyendo Conexiones

Objetivo: Practicar la creación de conexiones entre notas para desarrollar una red de información interconectada.

Instrucciones:

- Elige tres notas atómicas creadas en los ejercicios anteriores.

- Identifica posibles conexiones entre esas notas. Por ejemplo, "María explora el castillo medieval en busca de artefactos."

- Crea notas de conexión detallando cómo las notas elegidas se relacionan entre sí.

Actividad: Completa un conjunto de 5 conexiones entre diferentes notas.

Ejemplo de Conexiones:

Nota 1: "María es una joven valiente y curiosa."

Nota 2: "El castillo medieval de piedra con altas torres y un puente levadizo."

Nota de Conexión: "María explora el castillo medieval en busca de artefactos."

Planificación de la Trama

Ejercicio 4: Estructuración de Capítulos

Objetivo: Utilizar el método Zettelkasten para planificar la trama de los capítulos de la novela.

Instrucciones:

- Elige un capítulo específico de tu novela.

- Crea una nota atómica para el objetivo principal del capítulo. Por ejemplo, "Capítulo 1: Introducir a María y su interés por la arqueología."

- Crea notas adicionales para eventos importantes del capítulo, como por ejemplo: "María encuentra un mapa antiguo" y "María decide emprender una expedición."

Actividad: Completa un conjunto de 5 notas atómicas para eventos de un capítulo específico.

Ejemplo de Notas:

Nota 1: "Capítulo 1: Introducir a María y su interés por la arqueología."

Nota 2: "María encuentra un mapa antiguo."

Nota 3: "María decide emprender una expedición."

Revisión y Reflexión

Ejercicio 5: Analizando Conexiones

Objetivo: Revisar las conexiones creadas entre las notas y reflexionar sobre su eficacia en el desarrollo de la trama.

Instrucciones:

- Revisa las conexiones hechas en los ejercicios anteriores.

- Evalúa si las conexiones son lógicas y contribuyen al desarrollo de la trama.

- Realiza ajustes o añade nuevas conexiones, si es necesario. Actividad:

- Revisa y ajusta un conjunto de 10 conexiones entre notas.

- Ejemplo de Reflexión:

Conexión revisada: "María encuentra un mapa antiguo en el castillo medieval que la lleva a iniciar su expedición."

Desafíos de escritura sin ejemplos:

Desafío 1: Construir un Capítulo con Notas

Objetivo: Utilizar las notas atómicas y las conexiones para escribir un capítulo completo.

Instrucciones:

- Selecciona un conjunto de notas atómicas relacionadas con un capítulo específico.

- Usa las notas y las conexiones como guía para escribir el capítulo.

- Asegúrate de incluir todos los detalles y eventos mencionados en las notas. Actividad:

- Escribe un capítulo completo utilizando al menos 15 notas.

Implementación de Feedback

Desafío 2

Incorporando Sugerencias

Objetivo: Practicar la incorporación de feedback de lectores y editores en las notas atómicas.

Instrucciones:

- Elige un feedback recibido sobre un fragmento de tu novela.

- Crea una nota atómica para el feedback.

- Crea una nota adicional con una posible solución. Actividad:

- Completa un conjunto de 5 notas con feedback y posibles soluciones.

10. Conclusión

10.1 Recapitulando los beneficios del método Zettelkasten

El método Zettelkasten ofrece un enfoque revolucionario para la organización y desarrollo de ideas literarias, aportando numerosos beneficios para escritores de novelas.

Organización Estructurada:

El Zettelkasten permite que los escritores organicen sus ideas de manera clara y estructurada. Con un sistema de notas interconectadas, es más fácil seguir y desarrollar conceptos complejos a lo largo del tiempo. Esto es particularmente útil en la escritura de novelas, donde la trama puede volverse intrincada y los detalles, numerosos. La estructura ofrecida por el Zettelkasten ayuda a mantener la cohesión y la consistencia de la historia, evitando contradicciones y facilitando la revisión y expansión de las ideas.

Desarrollo de Personajes:

Desarrollar personajes ricos y auténticos es esencial para cualquier novela. El método Zettelkasten ayuda en este proceso al permitir que los escritores exploren las motivaciones, arcos de desarrollo y relaciones de los personajes de manera sistemática. Al crear y conectar notas detalladas sobre cada personaje, los escritores pueden seguir su evolución a lo largo de la historia, asegurando que sus acciones y emociones sean consistentes y bien fundamentadas.

Eficiencia en el Proceso de Escritura:

El Zettelkasten aumenta la eficiencia en todas las fases de la escritura. Desde la planificación inicial, pasando por la fase de desarrollo, hasta la revisión final, el método facilita la organización de las ideas y la recuperación rápida de información relevante. Esto reduce el tiempo dedicado a la búsqueda de notas y referencias, permitiendo que los escritores se concentren más en la creatividad y la calidad de su escritura.

11. Apéndice

11.1 Glosario de Términos

Notas Atómicas: Pequeñas unidades de información que representan una única idea o concepto. En el contexto del Zettelkasten, cada nota debe ser autoexplicativa e independiente.

Enlaces y Conexiones: Referencias cruzadas entre notas que ayudan a construir una red de conocimiento. Los enlaces se utilizan para conectar conceptos relacionados, facilitando la navegación entre ideas.

Backlinks: Enlaces de retorno que indican todas las notas que se refieren a una nota específica. Esto ayuda a visualizar cómo una idea está interconectada con otras.

Indexación: Sistema de catalogación que permite organizar y localizar rápidamente notas dentro del Zettelkasten. Puede hacerse a través de etiquetas, categorías o números de referencia.

11.2 Herramientas para escritores

Este capítulo ofrece una colección amplia de recursos que pueden ayudar a los escritores en todas las fases de su proceso creativo. Utilizando estas herramientas, libros, cursos y comunidades, puedes complementar el método Zettelkasten y mejorar tus habilidades de escritura, organización e investigación.

Herramientas de Software
Obsidian

Descripción: Obsidian es una poderosa aplicación de toma de notas y conocimiento personal que utiliza markdown e interconecta las notas de forma eficiente.

Recursos:

- Interconexión de notas
- Plugins personalizables
- Interfaz amigable

Uso en el Método Zettelkasten: Ideal para crear y organizar notas atómicas, facilitando la interconexión de ideas.

Roam Research

Descripción: Roam Research es una herramienta de organización de notas que permite la creación de una base de datos de conocimiento interconectado.

Recursos:

- Backlinking automático
- Estructura de gráficos de conocimiento
- Interfaz basada en bidireccionalidad

Uso en el Método Zettelkasten: Excelente para visualizar y gestionar las conexiones entre notas.

Scrivener

Descripción: Scrivener es una herramienta de escritura a largo plazo utilizada por escritores de todo tipo.

Recursos:

- Organización de capítulos y escenas
- Paneles de planificacion
- Integración con herramientas de investigación

Uso en el Método Zettelkasten: Puede ser utilizado para organizar grandes volúmenes de texto e interconectar partes de tu manuscrito.

Zettlr

Descripción: Zettlr es un editor markdown gratuito y de código abierto diseñado para académicos e investigadores.

Recursos:

- Soporte para markdown
- Exportación en varios formatos
- -Gestión de referencias

Uso en el Método Zettelkasten: Herramienta eficiente para la creación y organización de notas atómicas con enfoque académico.

Libros Recomendados

A System for Writing - How an Unconventional Approach to Note-Making Can Help You Capture Ideas, Think Wildly, and Write Constantly - A Zettelkasten Primer by Bob Doto, 2024

Antinet Zettelkasten - A Knowledge System That Will Turn You Into a Prolific Reader, Researcher and Writer by Scott Scheper, 2022

Atomic Note-taking - The ultimate zettelkasten guide by Martin Adams, 2023

Building a Second Brain - A Proven Method to Organize Your Digital Life and Unlock Your Creative Potential by Tiago Forte, 2022

Digital Zettelkasten - Principles, Methods, & Examples by David Kadavy, 2021

Duly Noted - Extend Your Mind through Connected Notes by Jorge Arango, 2024

Effective Notetaking - Improve your learning skills by finding the best way to select what's important, organize for better understanding and more by Fiona McPherson, 2007

How to Take Smart Notes - One Simple Technique to Boost Writing, Learning and Thinking - for Students, Academics and Nonfiction Book Writers by Sönke Ahrens, 2017

Personal Knowledge Graph - Connected thinking to boost productivity, creativity and discovery by Ivo Velitchkov and George Anadiotis, 2023

Zettelkasten and the Art of Knowledge Management - Combine your learnings & meaningful life-events into a personal knowledge graph using Obsidian by Binny V A, 2023

Cursos Online

-Coursera: Creative Writing Specialization

Descripción: Una serie de cursos enfocados en técnicas de escritura creativa, incluyendo tramas, desarrollo de personajes y estilo.

Uso en el Método Zettelkasten: Complementa el método Zettelkasten con técnicas de escritura creativa.

-MasterClass: Neil Gaiman Teaches the Art of Storytelling

Descripción: Curso ofrecido por el renombrado autor Neil Gaiman, abordando todos los aspectos de la narrativa.

Uso en el Método Zettelkasten: Aprende con un maestro de la narrativa cómo estructurar y contar historias de forma eficaz.

-Udemy: Writing With Confidence: Writing Beginner To Writing Pro

Descripción: Curso que cubre fundamentos de escritura, técnicas avanzadas y cómo ganar confianza como escritor. Uso en el Método Zettelkasten: Ofrece herramientas prácticas que pueden ser integradas al método Zettelkasten para mejorar la escritura.

Comunidades de Escritores

- NaNoWriMo (National Novel Writing Month)

Descripción: Un evento anual que desafía a los escritores a escribir una novela de 50,000 palabras durante el mes de noviembre. Uso en el Método Zettelkasten: Participar en la comunidad y utilizar el método Zettelkasten para planificar y organizar tu novela.

- Reddit: r/writing

Descripción: Comunidad activa de escritores en Reddit donde es posible intercambiar consejos, recibir retroalimentación y participar en discusiones.

Uso en el Método Zettelkasten: Obtén retroalimentación sobre tus notas y conexiones, y aprende de las experiencias de otros escritores.

- Scribophile

Descripción: Plataforma en línea de revisión y colaboración donde los escritores pueden compartir sus trabajos y obtener retroalimentación detallada.

Uso en el Método Zettelkasten: Comparte tus notas y manuscritos para obtener retroalimentación y mejorar continuamente.

11.3 Listas de Verificación

Facilitadores Prácticos:

Las listas de verificación son útiles para garantizar que se siguen los pasos recomendados al implementar el método Zettelkasten.

Lista de Verificación: Desarrollo de Personajes

- Nombre del personaje definido.
- Apariencia física descrita.
- Personalidad detallada.
- Historia de fondo completa.
- Motivaciones claras.
- Arco del personaje delineado.
- Conexiones con otros personajes establecidas.
- Notas adicionales completas.

Lista de Verificación: Planificación de la Trama
- Trama principal definida.
- Subtramas identificadas.

- Punto de partida claro.

- Clímax de la trama delineado.

- Resolución final planificada.

- Conexiones entre eventos principales establecidas.

- Notas adicionales completas.

11.4 Plantillas de Notas

Las plantillas de notas son herramientas esenciales para garantizar que tus anotaciones sean claras, concisas y bien organizadas. Modelos que puedes utilizar:

Plantilla 1: Nota Atómica Básica

Título de la Nota:

Fecha:

Contenido:

Etiquetas:

Referencias Cruzadas:

Ejemplo:

- Título de la Nota: Batalla de Hastings

- Fecha: 14/07/2024

- Contenido: La Batalla de Hastings ocurrió en 1066 y fue un evento decisivo en la conquista normanda de Inglaterra.

- Etiquetas: historia, batalla, Hastings

- Referencias Cruzadas: Guillermo el Conquistador; Revolución Normanda

Plantilla 2: Desarrollo de Personaje

Nombre del Personaje:

Apariencia:

Personalidad:

Historia de Fondo:

Motivaciones:

Arco del Personaje:
Conexiones con Otros Personajes:
Notas Adicionales:
Ejemplo:
Nombre del Personaje: María Silva

Apariencia: Cabello castaño, ojos verdes, estatura media.

Personalidad: Valiente, curiosa, determinada.

Historia de Fondo: María es una arqueóloga que siempre soñó con descubrir artefactos antiguos.

Motivaciones: Deseo de hacer un gran descubrimiento arqueológico.

Arco del Personaje: María comienza como una joven inexperta y crece para convertirse en una arqueóloga renombrada.

Conexiones con Otros Personajes: Mentor: Dr. João Santos; Antagonista: Dr. Ricardo Almeida

Notas Adicionales: María tiene miedo a las alturas.

Plantilla 3: Planificación de Escena
Título de la Escena:
Capítulo:
Lugar:
Personajes Presentes:
Resumen de la Escena:
Objetivo de la Escena:
Conflictos:
Resultado:
Notas Adicionales:

Ejemplo:

Título de la Escena: Encuentro en el Castillo

Capítulo: 3

Lugar: Castillo Medieval

Personajes Presentes: María, Dr. Ricardo Almeida

Resumen de la Escena: María encuentra al Dr. Ricardo Almeida en el castillo y descubre su verdadera identidad.

Objetivo de la Escena: Revelar al antagonista.

Conflictos: María desconfía de Ricardo, confrontación verbal.

Resultado: María decide investigar a Ricardo más a fondo.

Notas Adicionales: Ricardo deja escapar una pista importante.

Plantilla de Tema

Idea Central:

Descripción: Define la idea central o el tema principal de la historia. ¿Qué deseas explorar o transmitir con tu narrativa?

Ejemplos:

Descripción: Proporciona ejemplos específicos de cómo el tema se manifiesta a lo largo de la historia. ¿Cuáles son las escenas o eventos que ilustran este tema?

Conexiones con Personajes:

Descripción: Describe cómo el tema está relacionado con los personajes. ¿Cómo sus acciones y desarrollo reflejan el tema central?

Don't miss out!

Visit the website below and you can sign up to receive emails whenever Ana Mafalda Damião publishes a new book. There's no charge and no obligation.

https://books2read.com/r/B-A-KSCEB-LWGWD

BOOKS 2 READ

Connecting independent readers to independent writers.

Did you love *Cómo escribir una novela con el Método Zettelkasten*? Then you should read *Escrita Terapêutica - o poder da escrita na transformação pessoal*[1] by Ana Mafalda Damião!

[2]

Escrita Terapêutica: O Poder da Escrita na Transformação Pessoal é uma obra profunda que desvenda a capacidade transformadora da escrita. Este livro não é apenas um guia, mas um companheiro na jornada de introspeção e cura emocional. A autora compartilha insights valiosos sobre como a escrita, uma prática tão simples, pode ser utilizada como uma forma de terapia, ajudando os indivíduos a enfrentar, compreender e superar os seus desafios emocionais.A obra está repleta de técnicas e exercícios práticos, cada um projetado para tocar diferentes aspetos da psique humana. Um dos pontos fortes do livro é a sua abordagem acessível, tornando a escrita terapêutica disponível a todos e um refúgio seguro, um espaço para

---

1. https://books2read.com/u/bal5N2

2. https://books2read.com/u/bal5N2

o diálogo interno e o crescimento pessoal.Esta obra é um convite para transformar a vida através das palavras, oferecendo uma nova perspetiva sobre como enfrentamos os nossos desafios internos e nos reconectamos com a nossa essência.

Read more at https://www.instagram.com/therapeuticbooks/.

Also by Ana Mafalda Damião

Autoconocimiento y Desarrollo Espiritual
Ángeles en nuestra vida: cómo contactarlos y vivir en sintonía con el universo
El poder de Saint Germain
Símbolos e imágenes para predecir el futuro
Rituales para la conexión - Diosas Celtas

Aventuras para crianças
Paco: Uma Aventura de Coração

Como escrever...
Como Escrever um Romance com o Método Zettelkasten

Cómo escribir...
Cómo escribir una novela con el Método Zettelkasten

Desenvolvimento Pessoal e Espiritual

Meditação Kind/mindfulness: Programa de 84 dias para mudar a sua vida

Self-awareness

Therapeutic Writing - the Power of Writing in Personal Transformation

Self-Knowledge and Spiritual Development

Angels in Our Life - How to Contact Them and Live in Harmony with the Universe

Symbols and images to predict the future

Standalone

Escrita Terapêutica - o poder da escrita na transformação pessoal

Escrever...o quê? 20 + 8 ideias criativas

Escribir... 20 + 8 Ideas Creativas

Anjos na nossa vida - como contactá-los e viver em sintonia com o universo

Oráculo Das Bruxas

Símbolos E Imagens Para Prever O Futuro

Cristalomancia - A Arte Da Adivinhação Com Cristais

Dominomancia - A Arte Da Adivinhação Com O Dominó

Petit Lenormand - Como Interpretar

O Poder de Saint Germain

Rituais de conexão - Deusas celtas

Connection Rituals – Celtic Goddesses

The Power of Saint Germain

Ten Plagues of Egypt

Little Lenormand - How to interpret

www.ingramcontent.com/pod-product-compliance
Lightning Source LLC
Chambersburg PA
CBHW060459160726
47992CB00003B/1250